AF249685

LE
PARTI OUVRIER FRANÇAIS

Bourgeoisie et Prolétariat.
Doctrine. — Origine et Progrès du Parti.
Les élus du Parti à l'Hôtel de Ville.

PAR

E. FAILLET

CONSEILLER MUNICIPAL DE PARIS

PARIS

E. DENTU, ÉDITEUR

3 ET 5, PLACE DE VALOIS (PALAIS-ROYAL)

LE

PARTI OUVRIER FRANÇAIS

LE
PARTI OUVRIER FRANÇAIS

Bourgeoisie et Prolétariat.
Doctrine. — Origine et Progrès du Parti.
Les élus du Parti à l'Hôtel de Ville.

PAR

E. FAILLET

CONSEILLER MUNICIPAL DE PARIS

PARIS

E. DENTU, ÉDITEUR

3 ET 5, PLACE DE VALOIS (PALAIS-ROYAL)

PRÉFACE

Une préface ne se lit guère, mais l'usage est d'en faire une ; nous avons pensé qu'il était bon de nous y conformer.

Il y a quinze ans, lors des élections municipales, une petite affiche rouge apposée dans le quartier Sainte-Marguerite, portait : **PARTI OUVRIER — Émile Chausse, ébéniste.**

Presque personne n'y fit attention.

Ce premier candidat eut 391 voix.

En avril 1893 près de cent vingt mille citoyens votaient pour les candidats du Parti, et presque le même nombre en août aux élections législatives.

Pourquoi cette rapide progression d'un Parti très pauvre, calomnié par la presse, malmené par le gouvernement?

Serait-il dans la vérité?

Sa doctrine répondrait-elle aux aspirations des masses et sa conduite à sa doctrine ?

Voilà ce que nous allons examiner.

Si dans le chapitre Origine et Progrès, la relation de quelques menus faits et de quelques congrès nous est échappée, qu'on veuille bien ne pas oublier qu'il s'agit d'un aperçu général.

Si nous ne suivons plus les Guesdistes à partir de Roanne, ni les Broussistes à partir de Châtellerault, c'est qu'ils nous semblent en dehors du courant et suivre surtout une personnalité : ce qui ne veut pas dire que leur action soit inutile, loin de là.

Ce courant apparaît en 1879 à Marseille, prend force à Saint-Étienne, puis à Lyon ; il est dans toute sa puissance en 1891, à Paris, car y affluent les groupes d'études, les syndicats, les Bourses de Travail.

Si nous n'avons mis en relief aucune personnalité, c'est qu'il ne nous appartient pas de juger aucune, qu'il convenait de faire surtout ressortir le caractère de l'action prolétarienne — l'Anonymat.

CHAPITRE PREMIER

Bourgeoisie et Prolétariat.

Depuis un siècle il n'y a plus de bourgeois! Sans doute, si l'on veut dire plus de gens entre la classe laborieuse et la noblesse. Tout le monde sait cela.

Néanmoins, on entend bien aujourd'hui par bourgeois, la *minorité* composée de personnes descendant plus ou moins des spoliateurs de compte à demi avec la royauté — hommes d'épée, robins, financiers — et des enrichis du travail de la plèbe,... sans omettre les hauts bureaucrates, pour la plupart, parasites et cumulards.

Surtout grâce à cette plèbe enthousiasmée par la Déclaration des Droits — parce qu'elle croyait les exercer bientôt, « devenir comme les autres, » cette, minorité, appelée improprement Tiers-Etat, s'empara du gouvernement afin de *s'assurer* la propriété exclusive des privilèges et des monopoles, — presque tous à elle, *d'ailleurs avant 89, quoi qu'elle dise.*

Pendant la période révolutionnaire cette minorité (*nobles convertis par intérêt, l'intérêt du manche, et roturiers*) fut impitoyable toutes les fois qu'il s'agit d'arrêter le mouvement égalitaire.

Sitôt débarrassée des Montagnards sincères par la guillotine, et des Sans-culottes par le canon de Vendémiaire, elle releva hypocritement l'Église et rappela sournoisement les émigrés.

Elle catégorisa l'enseignement public selon les degrés de fortune et de misère. Ignorante des ressources intellectuelles et morales chez l'artisan, dont la dignité sociale serait consacrée, elle ne voyait dans celui-ci que le bénéfice brutal et immédiat à retirer.

Elle multiplia les privilèges, aggrava les impôts, rétablit même la vénalité des charges de notaires, avoués, huissiers, etc., en même temps qu'au point de vue politique, elle paralysait par une centralisation byzantine et défiante, l'initiative locale et par conséquent individuelle.

Enfin, elle créa la conscription avec la faculté du rachat pour le riche — soit, la *vente des hommes !*

Le 26 août 1789, cette bourgeoisie déclarait en présence et sous les auspices de l'Être suprême que : « les hommes naissent et *de-* « *meurent* libres et égaux. Les distinctions « *sociales* ne peuvent être fondées que sur « l'utilité commune. »

Mais, deux ans après, quand les rudes faubouriens ont terrassé la monarchie, — quand plus n'est besoin d'eux, la bourgeoisie « *in-* « *terdit toute organisation ou convention en-* « *tre gens du même métier, ceux qui ont une* « *boutique ouverte, les ouvriers et les compa-* « *gnons, comme attentatoire à la liberté et à* « *la Déclaration des Droits.* » (Loi Chapellier 1791.)

C'était bien signifier au populaire que la

Révolution n'était faite aucunement à son profit. Et pendant tout le siècle on sut bien le lui rappeler.

Au bout de ce siècle voici le résultat du règne collectif de la classe possédante :

Huit millions de familles dans la gêne ou dans la misère, payant par le budget un milliard et demi aux rentiers de toutes sortes, et faisant à quatre cent mille familles un capital de cent vingt mille francs en moyenne.

Les sources de la richesse nationale dérivées par elle et *pour elle seule* en cent directions : Compagnies minières, usinières, Banques, Bateaux, Omnibus, Tramways, Chemins de fer, Gaz, Eaux, etc.

La concurrence des industriels et des négociants d'outre-frontières chaque jour plus redoutable.

Enfin, par suite des désastres dont elle, bourgeoisie, est fautrice, l'Allemagne césarienne est à cinquante lieues de Paris, menaçant les conquêtes de la Révolution si chèrement acquises.

Cela est évident, la classe dirigeante a menti à la raison de son avènement — liberté, égalité, solidarité, bien-être pour tous par le travail.

Tiraillé par le principe démocratique, qu'elle est obligée d'invoquer, par l'intérêt de classe, ne pouvant agir selon des principes arrêtés, elle se maintient à force d'expédients et au milieu d'incessantes contradictions.

Électif est son gouvernement : le prince, les députés, les conseillers généraux, municipaux sont nommés par le suffrage, tandis que l'arbitraire, le bon plaisir nomment les hauts fonctionnaires. Athée est son code, mais le serment est religieux, et l'Église donne le haut enseignement à l'aristocratie. A l'heure actuelle, ses élèves à Polytechnique, à Saint-Cyr, à l'Ecole Centrale forment le contingent le plus considérable de l'armée et des grandes administrations. (*Voir les annuaires spéciaux.*)

Quant à l'impôt, percevable, dit la Constitution, selon les facultés des citoyens, il ne frappe encore réellement que les salariés seuls. Les économistes et les législateurs n'ont pu sortir du cercle vicieux de la répercussion.

Si donc l'autorité morale constitue la force vraie d'un régime, la Bourgeoisie ne saurait la posséder — étant faiblesse et hypocrisie.

Il s'ensuit qu'elle ne saurait avoir de durée. En vain pour l'acquérir elle s'accroche tour à tour à qui paraît la lui assurer — roi, empereur, voire même président.

Capable de tout, excepté de comprendre que le rôle d'un gouvernement qui se prétend moderne est de pousser au progrès du bien-être général et de la raison pour arriver à la *Justice*.

Elle n'a qu'un but — s'enrichir... Soit! mais au moins pas au prix de la misère croissante de la collectivité, *de la phtisie de la France !*

La masse honnête et laborieuse va-t-elle laisser longtemps encore cette minorité

ajouter les milliards de dettes aux milliards
des dettes, les Sedan aux Waterloo, les Four-
mies aux Ricamaries, les Panama aux
Union générale ?

Nous ne le pensons pas.

Nous croyons fatale la disparition de la
Bourgeoisie : elle sera le résultat de cau-
ses d'ordre économique, intellectuel et
moral, comme fut son apparition, comme
seront, vraisemblablement, tous les phé-
nomènes politiques. Mais de tout notre cœur,
nous souhaitons que cette disparition soit
hâtée, craignant que la nation trop démora-
lisée, trop anémiée, manque d'enthousiasme
et de sang pour la rude besogne future.

Au lendemain du premier Empire sous
l'impérieuse impulsion des intérêts bourgeois, commencent les vastes entreprises.

Les capitaux jusqu'alors disséminés, s'as-
socièrent, brisant le cercle étroit des affaires
individuelles pour entrer dans le cercle illi-

mité des affaires collectives, mais au profit
d'un petit nombre.

Proud'hon a tracé de main de maître l'histoire de cette période. De ce fait une féodalité économiquement, sinon moralement.
plus solidaire que la terrienne, assujettit la
plèbe; en même temps, l'Administration publique assujettit un personnel de plus en
plus nombreux.

Ainsi, par millions, les travailleurs enré-
gimentés, hiérarchisés, dans les bureaux,
chemins de fer, banques, assurances, magasins, usines, mines, sont devenus les damnés
du salariat.

Chacun sait la cruelle exactitude de notre
expression.

Les petits patrons, force vive de l'industrie et du commerce, disparaissent, épuisés
dans une lutte réciproque, écrasés par les
gros, saignés à blanc par les petits Schylock
de la banque, eux-mêmes vassaux de la
haute finance. Tous, victimes surtout de
leur orgueilleuse obstination à repousser la
solidarité.

Voilà comment s'est faite et s'achève dans la seconde moitié du siècle — chez nous et partout — la division économique, morale et politique de la Société *en salariés* et *en salariants*.

Ah! mais ces derniers ont la faculté, dont largement ils usent, *et en vertu de la loi de l'offre et de la demande!* de supprimer chaque jour, des milliers, de pères de famille, des enfants même. Nous disons supprimer, car le chômage c'est la misère, le jeûne, la maladie, finalement la mort, *une fauchaison plus exécrable que la guerre.*

Mais gare au choc en retour!

La bourgeoisie industrielle abandonne de plus en plus les grands centres afin de payer des salaires moins élevés, d'embaucher des ouvriers plus souples, mais loin de lui fournir même qualité et même quantité de travail. Sans le prévoir, elle forme de la sorte, en mille endroits de la France rurale, les cadres de la future armée révolutionnaire.

Ce point est d'une importance capitale.

En effet, on le constate déjà, les opprimés

2

de l'industrialisme s'organisent et menacent de congé plus ou moins prochain les deux ou trois cents seigneurs féodaux de la France capitaliste.

Oh! alors, ce sera la guerre sociale sans merci.

L'obéissance passive hésitera peut-être devant la fureur désespérée des meurt-de-faim.

Interrogez les événements qui se succèdent depuis dix années? Regardez les nuées sombres, qui s'accumulent du nord au midi, d'Anzin à Carmaux !

Il est vrai : la classe ouvrière se sent prise d'effroi, en songeant à cette épouvantable éventualité. Les escarmouches avant-courrières lui sont d'ailleurs funestes, étant mal préparées, mal conduites. D'autre part, la classe ouvrière, ignorante, de courte vue, viciée par la promiscuité de l'atelier ou de l'usine, est surtout mise en défiance par les trahisons et les défections. Peu importe au fond. Métal pur ou impur, la fournaise met tout en fusion. Intrigants ou martyrs, la force révolutionnaire pousse quand même les hommes !

La classe ouvrière s'obstine encore à remettre ses destinées à ses maîtres et de plus en plus à ceux qu'on appelle les radicaux, les avancés. L'histoire du siècle est pourtant l'attristant — et logique — témoignage de l'abandon par ceux-ci des intérêts de la plèbe. Sans remonter plus haut, en 48, les néo-montagnards prêtèrent presque tous la main aux massacres de Juin ; en 1871, les radicaux abandonnèrent, sauf quelques-uns, le prolétariat aux atrocités de la réaction.

Mais, avant d'aller plus loin : *Qu'est-ce donc que le Prolétariat?*

Une définition ne saurait être rigoureusement exacte aujourd'hui, comme il y a deux siècles, par exemple.

Sont le Prolétariat, tous les dépouillés du *bénéfice* de leur travail, tous les non pourvus des moyens de développer leurs facultés, ouvriers des champs et des villes, petits façonniers, petits débitants, petits employés ; enfin tous ceux opprimés à des degrés divers,

et d'une manière plus ou moins irrémédiable,
par le capital, le monopole, l'administration ;
tous ceux à qui, soit le salaire, soit le bénéfice, insuffisants ou irréguliers imposent cette
monstruosité, — *le travail au dehors* de
l'épouse, de la jeune fille, du jeune garçon.
Monstruosité, oui certes, car elle est la cause,
pour une très grande part, du concubinage,
de la prostitution, de l'avortement, de
l'abandon, du vagabondage, des formes mul-
tiples de la criminalité.

*
* *

Ceux qui ne veulent plus être écrasés,
dupés, méprisés, ont conclu à la *nécessité de
recourir à eux seuls*, et au préalable, de
s'instruire, de s'organiser, de se syndiquer,
de viser à la conquête de leur participation
aux pouvoirs publics. Quel autre moyen logique et dans l'ordre des choses, pour déblayer
le terrain, pour assurer contre tout retour
réactionnaire la marche de la société, et
faire disparaître le Prolétariat ?

Or, c'est de conduire à bien cette œuvre formidable, que le **Parti ouvrier**, c'est-à-dire le Prolétariat organisé à ce jour, se donne la mission. Il veut, en un mot, *s'affranchir lui-même*.

Son existence presque d'hier, sa pauvreté, ont provoqué longtemps le dédain de ses adversaires.

Son existence d'hier ! Est-ce à cause de l'appellation ? Dans ses rangs, l'on compte 80 p. 100 d'ouvriers, — première justification ; ces ouvriers, en voulant l'affranchissement de leur classe ont pour but suprême, le salut universel, — deuxième et haute justification.

Son existence d'hier ! Mais ce Parti est un anneau, pour ainsi dire, de la chaîne des réformateurs commençant du jour où la conscience des droits et des devoirs se fit dans le cerveau des opprimés ! Il est le continuateur immédiat de la phalange d'hommes énergiques, qui, ayant démontré mauvaise une société où le Capital écrase ses créateurs, où les privilégiés entendent réserver, à leurs enfants seuls, les moyens de développer aptitudes et facultés, voulurent l'enseignement intégral à tous les enfants, la liberté avec les moyens réels de l'exercer à tous les travailleurs, la représentation nationale *issue des rangs des travailleurs*, sans distinction de manuels ou de non-manuels, et fondèrent à Paris l'*Association Internationale*.

Ce dernier titre glorieux eût été gardé par nous, si la république bourgeoise ne l'avait interdit depuis vingt-deux ans, sous peine d'amende et d'emprisonnement.

Mais ce qu'elle n'a pu arracher, c'est l'héritage de la doctrine exposée dans les *Considérants* placés en tête des statuts de l'Internationale et du Parti, véritable monument de sagesse et de profondeur, et en même temps révélation de l'avenir de l'Humanité. « C'est un des événements les plus considérables de l'Histoire » s'écriait, en 1864, un des rédacteurs du journal *le Siècle*.

En effet, dès leur promulgation, le monde ouvrier, accueillit l'Idée nouvelle avec enthousiasme. On pressent alors que l'axe social va s'incliner du côté du travail, de la liberté individuelle entière par la liberté collective.

CHAPITRE II

Doctrine du Parti ou Considérants.

Considérant,

Que l'émancipation des travailleurs ne peut être que l'œuvre des travailleurs ;

Que les efforts des travailleurs, pour conquérir leur émancipation, ne doivent pas tendre à constituer de nouveaux privilèges, mais à réaliser pour tous l'Égalité, et, par elle, la véritable Liberté ;

Que l'assujettissement des travailleurs aux détenteurs du capital est la source de toute servitude politique, morale et matérielle ;

Que, pour cette raison, l'émancipation économique des travailleurs est le grand but auquel doit être surbordonné tout mouvement politique ;

Que l'émancipation des travailleurs n'est pas un problème simplement local ou national, qu'au contraire ce problème intéresse les travailleurs de toutes les nations dites civilisées : sa solution étant nécessairement subordonnée à leur concours théorique et pratique ;

Par ces raisons,

Le Parti ouvrier socialiste révolutionnaire déclare :

1° Que le but final qu'il poursuit est l'émancipation complète de tous les êtres humains, sans distinction de sexes, de races et de nationalités ;

2° Que cette émancipation ne sera en bonne voie de réalisation que, lorsque par la socialisation des moyens de produire, on s'acheminera vers une société communiste dans laquelle « chacun donnant selon ses forces recevra selon ses besoins ; »

3° Que pour marcher dans cette voie, il est nécessaire de maintenir, par le fait historique de la distinction des classes, un parti

politique distinct en face des diverses nuances
des partis politiques bourgeois ;

4° Que cette émancipation ne peut sortir
que de l'action révolutionnaire, et qu'il y a
lieu de poursuivre comme moyen et à titre
de propagande, la conquête des pouvoirs publics dans la commune, le département et
l'État.

Les commentaires qui suivent nous sont
personnels. Nous sommes loin de les prétendre à l'abri de toute critique ; en les
présentant, nous avons simplement répondu
au désir exprimé par un grand nombre de
nos amis. Nous affirmons, comme Mon-
taigne, que « *ceci est écrit de bonne foi.* »

L'ÉMANCIPATION DES TRAVAILLEURS NE PEUT
ÊTRE L'ŒUVRE QUE DES TRAVAILLEURS EUX-MÊMES.

Quoi ! cette œuvre formidable, objet des
méditations, de tant de philosophes et de
penseurs depuis des siècles et des siècles
s'accomplirait par des gens ni législateurs,

ni économistes, ni ingénieurs, ni professeurs, par des gens dont la plupart n'ont pas même fréquenté l'école primaire! C'est un comble de vanité explicable par un comble d'ignorance (1).

D'ailleurs, pourquoi tant parler d'émancipation? A cette heure, l'ouvrier est aussi libre que le patron, que le riche. La Déclaration des Droits dit clairement :

Article 3. — Tous les hommes sont égaux par la nature et devant la loi.

Article 4. — La loi est la même pour tous.

Article 5. — Les citoyens sont admissibles aux emplois : il n'est d'autre préférence que les vertus et les talents.

L'ouvrier est plus qu'émancipé, il est souverain : son bulletin de vote et sa volonté collective font et défont les gouvernements.

Voilà ce qu'affirme la Bourgeoisie.

Voyons un peu.

Jusqu'ici le travailleur, comprenant plus ou

1. Il faut lire les discussions si souvent oiseuses, ridicules d'emphase des clubistes bourgeois de la Révolution. Nos orateurs des réunions publiques gagnent à la comparaison.

moins que son ignorance en toutes choses économiques et politiques le rendait incapable de participer aux affaires publiques, a confié ses destinées aux gens de classe supérieure, Il a été trompé; il l'est chaque jour. A plusieurs reprises, quand il a vigoureusement revendiqué ses droits, il a été emprisonné, déporté, massacré.

En 1791, Barnave, Lameth, le *trop illustre* Sieyès pactisent avec la royauté. Pour son compte, Mirabeau reçoit plus de trois millions du roi. Cinq ans plus tard, la haute bourgeoisie, ayant peur de voir le peuple réclamer sa part de l'expropriation nobiliaire, guillotine les républicains convaincus.

En 1848, Cavaignac fusille les socialistes; en 1870, Favre, Ferry, Simon, Picard, font fusiller 35.000 fédérés.

C'est de l'histoire.

Producteur de plus en plus actif de la richesse (*voir les statistiques officielles*) le travailleur se voit refoulé dans la misère. Or, aujourd'hui, conscient ou non, l'œuvre d'émancipation lui réserve mille épreuves, mille déceptions, il lui faut définitivement *ne plus compter que sur lui-même.*

C'est la déclaration de guerre sociale. La bourgeoisie en a compris la portée. Afin d'en enrayer les terribles conséquences, elle a concentré toutes ses forces. Dans ces derniers temps, elle est allée jusqu'à prendre son mot d'ordre, à demander ses procédés de tactique à Rome, l'arsenal le mieux pourvu de machinations hypocrites. L'Encyclique de Léon XIII en est le témoignage. A son adresse on peut paraphraser les paroles de Bossuet : « C'est lui qui, du Vatican, tient en ses mains les rênes de tous les États. »

Aux élections dernières, à Paris, plus de cent mille ouvriers ont voté pour les candidats du cléricalisme : ouvriers des Patronages, ouvriers d'administrations bien pensantes, clients de sociétés philanthropiques, etc., etc.; ban et arrière-ban de la province affamée.

**
* *

LES EFFORTS DES TRAVAILLEURS POUR CONQUÉ-
RIR LEUR ÉMANCIPATION, NE DOIVENT PAS TENDRE
A CONSTITUER DE NOUVEAUX PRIVILÈGES MAIS A
ÉTABLIR POUR TOUS LES MÊMES DROITS ET LES
MÊMES DEVOIRS.

Jusqu'à maintenant, l'histoire a présenté, partout à peu près, le même spectacle, varié dans les détails ethnologiques, mais unique dans le fond. Ou la monarchie aidée de la classe moyenne écrase l'aristocratie et partage les dépouilles, ou la classe moyenne aidée de la plèbe renverse la monarchie et la noblesse, puis se débarrasse de la plèbe demandant sa part de la victoire. Il en est ainsi depuis 1789.

Aujourd'hui, cette plèbe s'organise; elle vient déclarer que si elle triomphe (*elle n'affirme pas sa victoire*) ce n'est point pour constituer de nouveaux privilèges. Elle ne vise pas à devenir une classe dominante, *mais à fondre toute classe en une seule pro-ductrice.* Encore une fois, si elle triomphe, c'est pour établir une Société basée sur l'Éga-lité des droits et des devoirs *pour tous.*

Ah ! sans doute, cela désoriente toute con-ception politique de classe ! L'étonnement de la bourgeoisie prouve son oubli des pro-messes annoncées par elle dans la Déclara-ration des Droits.

Article premier : *Le but de la société est le bonheur commun, et le gouvernement est institué pour garantir à l'homme la jouissance de ses droits; or, l'égalité est un de ses droits imprescriptibles et naturels.*

Remarque fondamentale. Le Parti ne parle nullement de remettre à un gouverne-ment la mission de préparer, encore moins d'*établir* une société dans laquelle les devoirs seront correspondants aux droits. Il s'en re-met au mouvement social, aux résultats d'une transformation dont personne ne sau-rait *préciser* le mode d'action, pour les moyens possibles de déterminer la récipro-cité *volontaire* et *consentie* de ces droits et de ces devoirs, fondement de toute société équitable.

❊*❊

L'ASSUJETTISSEMENT DES TRAVAILLEURS AUX DÉTENTEURS DU CAPITAL EST LA SOURCE DE TOUTE SERVITUDE POLITIQUE, MORALE ET MATÉRIELLE.

Que ce soit par le fait de la violence, de la ruse, de l'aquiescement général et en particulier du prolétaire, qui lui-même, trouve cela juste, parce que ce fut toujours ainsi, le Capital est inique étant la représentation d'une somme de travail enlevée au producteur. La force-travail d'un ouvrier, dit Karl Marx, est la seule et unique marchandise qui, en se consommant, reproduise une valeur supérieure à sa propre valeur. Or, cette somme de travail en surplus se traduit en une suite d'additions, minimes ou importantes, dont le total est l'origine du Capital. Il cesse d'être légitime dès l'instant qu'il tourne au profit d'un seul.

On objecte ceci : Un ouvrier gagnant huit

francs par jour épargne deux francs, soit huit cent francs par an. Avec cette épargne grossie au bout d'un certain nombre d'années, il s'établit à son compte : n'est-ce pas avec ce qui lui appartient? Nous répondons. Oui! s'il continue à produire *personnellement*. Mais il devient patron, il occupe des ouvriers. Quand les frais d'installation, de loyer, d'achat de matières premières, d'outillage, ont absorbé, dépassé sa primitive mise de fonds, il devrait tomber dans l'impossibilité de continuer. Mais point du tout. Il prélève chaque jour, en rognant le salaire *intégral*, sur la production de ces quatre ou dix ouvriers. Grâce à ce prélèvement, il rentre dans sa mise de fonds, il accroît son capital. Le crédit que lui accordent fournisseurs et banquiers est garanti par le travail de ses ouvriers. Il n'a plus qu'à marcher.

Voilà, certes, un exemple loin de soulever dès l'abord, la moindre objection, car on ne voit pas, on ne veut pas voir, que ce devenu patron ne l'est devenu qu'en exploitant les salariés. Cet homme, d'ailleurs, n'ira pas loin. il sera vite écrasé par les gros ; et, si par malheur, dès le début, il se casse un membre qui le tienne au lit pendant plusieurs mois, si la ménagère tombe malade, si la famille s'accroît, si des clients, dès le commencement, manquent à le payer, il retournera « chez les autres » et le voilà, comme le plus grand nombre aujourd'hui, à jamais retombé dans le salariat.

Il s'agit ici seulement des personnes détenant des capitaux assez puissants pour aliéner le droit sacré d'autrui à posséder l'indépendance matérielle et morale, pour *assujettir* les travailleurs.

Exemple : l'usinier ayant cent, deux cents ou mille ouvriers, et dont le Capital est de création certes non due à ses seuls efforts.

A celui-ci l'on peut appliquer le dialogue de Gœthe :

Le maître. — *Réfléchis, mon enfant, d'où vient ta fortune ? Tu ne peux la tenir de toi-même.*

L'enfant. — Je l'ai reçue de mon papa.

Le maître. — *Et lui, de qui la tient-il ?*

L'ENFANT. — De grand-papa.

LE MAÎTRE. — *Et le grand-papa, de qui l'a-t-il reçue ?*

L'ENFANT. — *Il l'a prise.*

Les pères de famille occupés par l'usinier le savent bien : s'ils ne se courbent pas sous les exigences des contremaîtres, s'ils ne produisent pas chaque jour autant, voire même davantage, ils seront mis à la porte. Donc chômage et misère. Par milliers sont les exemples quotidiens. Ils ont enrichi le maître alors qu'ils étaient dans toute leur vigueur, leur congédiation est par conséquent logique sitôt l'amoindrissement des facultés productrices. Logique en apparence, car ce maître a négligé de tenir compte de l'expérience de l'ouvrier, laquelle est pourtant une sérieuse compensation de l'affaiblissement musculaire.

Nous ne parlons pas de la tyrannie morale. Quand le patron apprend qu'un tel a voté pour un candidat avancé, pour un rouge, il ne manque guère, en passant devant l'étau ou l'établi, de railler le socialiste. A celui-ci malheur ! s'il est militant. Sous le moindre prétexte : « Passez au bureau régler votre compte ! »

S'il a pris part à une grève. Oh ! alors, la vindicte patronale le poursuit. Les ateliers similaires lui seront à jamais fermés. Il faut se faire homme de peine, c'est-à-dire l'esclave des esclaves... le paria ! Ainsi l'excommunication capitaliste est plus implacable que celle de l'Église au moyen âge. Demandez surtout aux ouvriers de province. La condition *est pire* pour les employés.

O Déclaration des Droits de l'homme ! ô souveraineté du suffrage universel !

Voilà pourquoi, voilà comment tant de salariés, devant la crainte de la misère, subissent la *servitude* et finissent..... par s'y habituer.

L'ÉMANCIPATION ÉCONOMIQUE EST LE GRAND BUT AUQUEL DOIT ÊTRE SUBORDONNÉ TOUT MOUVEMENT POLITIQUE.

Ce que nous venons de dire précédem-

ment rend superflu tout commentaire de cet
article.

***

L'ÉMANCIPATION DES TRAVAILLEURS N'EST PAS
UN PROBLÈME SIMPLEMENT LOCAL OU NATIONAL, AU
CONTRAIRE, *l.* INTÉRESSE LES TRAVAILLEURS DE
TOUTES LES NATIONS, SA SOLUTION ÉTANT NÉCES-
SAIREMENT SUBORDONNÉE A LEUR CONCOURS THÉO-
RIQUE ET PRATIQUE.

Bien sûr le problème est terrible, de com-
plications infinies, imprévoyables. Ainsi, il ne
faut pas que telle corporation, victorieuse
sur certains lieux de production, soit vaincue
sur certains autres ; car la répercussion devient fatale. Il ne faut pas que soudaine-
ment, ou progressivement, l'immigration
des travailleurs de province, de Belgique ou
d'Allemagne, ou de l'Italie vienne compro-
mettre le succès obtenu, et même faire
reculer le progrès vers une rémunération
plus équitable, réduire à néant, pour toujours peut-être, des efforts, des grèves payés
par des misères de toutes sortes.

Les travailleurs étrangers, par exemple, en offrant leur marchandise-travail à un prix inférieur à celui des Français, se font les complices des patrons — dans l'œuvre *homicide*. En outre, ils empêchent leurs nationaux eux-mêmes de réclamer chez eux le maintien et, à plus forte raison, l'élévation des salaires.

Donc, la solution des problèmes économiques *intéresse* les ouvriers de toutes les nations.

Par l'entente internationale et purement économique les travailleurs veulent, en défendant leur salaire, assurer le pain à leurs femmes et à leurs enfants. C'est leur devoir le plus sacré. Ils veulent en même temps assurer la bonne et loyale façon des articles professionnels, conserver à nos ateliers la supériorité traditionnelle, laquelle tend chaque jour à disparaître, car les patrons, en abaissant le prix de la main-d'œuvre, en poussant à la production quand même, ne fabriquent plus que de la camelote. Ils crient à l'invasion des articles de l'étranger, mais n'en sont-ils pas eux-mêmes les fauteurs?

En effet, les salaires étant inférieurs, le fabricant étranger vend à des prix inférieurs : c'est tout simple! Or, camelote pour camelote, l'acheteur n'hésite pas à demander la meilleure marché ; il ne se doute pas qu'il se coalise indirectement avec les patrons et les étrangers dans la *guerre de la faim* aux ouvriers nationaux, et, en définitive, à lui-même, par le fait des lois intimes de la répercussion.

On en pourrait dire long sur cette terrible question! Le Parti fait appel autant au concours théorique et pratique des travailleurs de toutes les nations, afin que ceux-ci apportent pour la solution du grave problème leurs part de renseignements statistiques et moraux. Pour réaliser sa large et généreuse conception de l'humaine évolution vers le Bien-Être et la Justice, le Parti n'attribue pas aux seuls ouvriers français l'intelligence et les capacités.

Oh! les patrons ne sont pas plus exclusifs.

Nous interrogions l'un d'eux l'an passé sur l'état de ses affaires.

— Excellent ! excellent ! depuis mon voyage en Allemagne. J'ai vu là-bas une machine merveilleuse et réussi à dénicher le constructeur. Ma foi, on prend son bien où on le trouve, j'ai commandé, fait venir et installer cette machine chez moi. Mes ouvriers ont été promptement dressés. Aujourd'hui, je fabrique trois mille paires de mon article au lieu de mille, avec cinquante ouvriers au lieu de quatre-vingts !

— Allons donc !

— Comme je vous le dis. Aussi par an mon chiffre d'affaires s'est élevé de 800.000 fr., à près du double.

— Et les 30 ouvriers ?·

— Je les ai prévenus une quinzaine d'avance.

— Mais s'ils n'ont pu s'embaucher. C'était la misère.

— Ah ! ça...

— Patriote exalté, vous avez fait de l'internationalisme, mais à rebours.

— Comment?

— Sans doute. Dédaigneux des frontières, vous êtes allé vous procurer une machine, chez nos plus cruels ennemis les Allelemands. Avec cette machine vous avez fait la guerre à vos concurrents français, sans souci de les plonger dans la ruine et la misère. A cause de cette machine, trente ouvriers français plus ou moins vieux serviteurs, pères de famille, ont été jetés sur le pavé. Est-ce vrai ?

— Je ne dis pas... Les autres font comme moi, je fais comme les autres. Chacun pour soi !

— Ajoutez donc et Dieu pour tous! Mais ne parlez ni de morale, ni de patrie, ni d'humanité. *Homo homini lupus*, c'est-à-dire, en français: l'homme est pour l'homme *une bête féroce* surtout dans votre jolie société.

Par ces raisons, le parti ouvrier déclare que le but final qu'il poursuit est l'émancipa-

TION COMPLÈTE DE TOUS LES ÊTRES HUMAINS SANS DISTINCTION DE SEXE, DE RACES, DE NATIONALITÉ.

Article 3 de la Déclaration des Droits : « Tous les hommes sont égaux par la nature et devant la loi. »

Les législateurs entendaient que l'égalité collective résulte de l'égalité de chacun des membres de la société, comme, par exemple, la solidité d'un bloc résulte de l'agrégation des molécules pareilles.

Par ces mots égalité par nature et devant la loi, ils entendaient que la Révolution devait rompre avec les préjugés de la barbarie, d'après lesquels la faiblesse physique est dédaignée, les difformités et les infirmités sont objet de mépris.

Ils entendaient qu'il appartient à l'amour de l'humanité, au dévouement de la science, secondés par des mesures de protection, d'arriver à ce que, par le bien-être, l'hygiène, l'éducation physique, tous les enfants étant sains, entourés de soins vigilants, forts et solides, soient à l'âge adulte dans des conditions aussi parfaites que possible d'égalité physique. C'est là, selon la doctrine du Parti, le *point de départ* de l'émancipation. Il faut *nécessairement* donner à tous les enfants l'enseignement intégral selon la physiologie des sexes. Cet enseignement — en développant les facultés et les aptitudes — ouvrira à chacun et à chacune la carrière *sociale* dans laquelle, selon *sa personnalité respective*, ils et elles peuvent acquérir le bien être et se rendre utiles à la collectivité.

Il est évident que la Déclaration, en disant tous les hommes sont égaux, ne bornait pas le droit à l'égalité aux seuls Français, qu'elle l'étendait à l'humanité entière, à toute race, à toute nationalité, européenne, asiatique, africaine, etc. Avant que l'ethnologie, la sociologie et l'anthropologie aient produit leurs travaux remarquables, les législateurs avaient une idée, quoique vague, de l'équivalence des races, non pas absolue cependant, et du concours de celles-ci dans la marche harmonique de l'Humanité. Ce concours est certainement subordonné au mouvement, chaque jour, dessiné, accusé par les voyageurs modernes — à savoir — l'attraction des races vers l'Occident européen qui les entraîne, en les affinant, si l'on peut dire ainsi, dans une action d'homogénéité, commune, générale, tout en *conservant leur personnalité*.

Le Parti s'est avec le saint-simonisme, le plus occupé de la femme. Le saint-simomonisme avait dévié, qu'on nous passe le mot, à l'hystérisme : les travailleurs ont voulu à la femme un rôle bien conforme à sa physiologie, à sa destinée sociale.

Ne pouvaient y songer les hommes de 89. Ils ne prévoyaient pas que l'industrialisme et le mercantilisme arracheraient du foyer — la femme et la jeune fille, *de leur temps, des ménagères*.

Par suite de l'évolution économique, le Parti devait donc comprendre la femme dans l'émancipation complète, puisque la femme est devenue esclave de l'industrialisme dans des conditions plus terribles encore que pour l'homme.

Il est temps d'aviser !

L'asservissement matériel, intellectuel et moral du père et du mari entraîne celui de l'épouse et de la fille. L'homme, ne trouvant plus dans son salaire de quoi subvenir aux besoins de la famille, se voit obligé de subir l'envoi en atelier, en usine, de l'une et de l'autre. Aujourd'hui l'une et l'autre empiètent sur ses professions. Les femmes ainsi deviennent les complices du patronat dans l'œuvre d'abaissement graduel et irrémédiable des salaires.

En fait, elles travaillent plus que les hommes. Quand ceux-ci, le dimanche, vont passer des heures au cabaret, les femmes, les toutes jeunes filles, vont au lavoir, et tout épuisées s'occupent du ménage, du raccommodage. Esclaves des esclaves. C'est une honte que nous jetons à la face de l'ouvrier moderne.

Oui, dès il y a cinquante ans, c'était à l'ouvrier, s'il avait eu *bon sens, affection, dignité*, de défendre son salaire, de le faire augmenter en proportion de la cherté des choses, loyer, vivres, etc. Oui, il devait *tout faire* afin d'empêcher ces abominables conséquences : *la concurrence féminine* et *la destruction du foyer, de la famille.*

Le Parti veut que la femme revienne à la maison, qu'elle y remplisse son rôle, sa mission naturelle, logique, sociale. Il entend que le domicile conjugal soit la sphère unique où elle rayonne dans toutes ses vertus, d'épouse, de mère, d'éducatrice. Là elle exercera son rôle familial, civil et politique. Nous comprenez-vous, contempteurs intéressés de notre doctrine, et vous, des nôtres, inconscients de la profondeur de cette doctrine ?

Proudhon a posé ce dilemme : *Ou Ménagère ou Courtisane.* Il y a trente ans de cela ;... Aujourd'hui, il est plus urgent que jamais de décider. Ménagère soit donc promptement la femme du peuple ! Voilà la clé de voûte de l'édifice social futur, que le Prolétariat y réfléchisse ! « *Politiques, jurisconsultes, que pouvez-vous, si vous n'accom-*

plissez pas d'abord la révolution dans le foyer, **cette pierre qui porte la Cité** (*Émile Acollas*).

*
* *

CETTE ÉMANCIPATION NE SERA EN BONNE VOIE DE RÉALISATION QUE, LORSQUE PAR LA SOCIALISATION DES MOYENS DE PRODUIRE ON S'ACHEMINERA VERS UNE SOCIÉTÉ DANS LAQUELLE CHACUN DONNANT SELON SES FORCES RECEVRA SELON SES BESOINS.

Le Parti méconnaîtrait étrangement les résistances, tout au moins l'inertie de la masse ouvrière, l'implacabilité de la bourgeoisie s'il pensait proche le but final poursuivi. C'est pourquoi il déclare que l'émancipation ne sera en bonne voie de réalisation qu'après l'accomplissement de l'œuvre de socialisation des moyens de produire, au profit des salariés, des travailleurs des champs et des villes.

Ce mot socialisation, étant nouveau, semblé incompréhensible, cependant nul n'est plus simple.

Pour tout le monde, produire, c'est faire un effort, un travail créant une utilité. Ainsi, le laboureur produit le blé, — une utilité le tanneur produit du cuir — une utilité, le mineur extrait, produit du charbon, des métaux — des utilités, etc., etc.

Longtemps, très longtemps les hommes ont produit isolément, puis en petits ateliers : le commerce a procédé comme l'industrie. C'était l'individualisation des moyens de produire.

Ensuite, et presque d'un coup, dans toutes les branches de la production, la grande industrie s'est substituée à la petite, par le fait de la centralisation, de la concentration des capitaux, par la division du travail.

Qui ne voit cela, qui ne sait cela ? Quel travailleur n'en subit les effets douloureux — en attendant les effets bienfaisants : savoir — réduction des heures de travail, loisir au profit du développement intellectuel, élévation de la rémunération du travail, enfiu émancipation et fin du Prolétariat.

L'ouvrier isolé ou réparti en petits groupements, poussé par le besoin et par la loi d'attraction, a été forcé de s'embaucher dans les usines et de composer ainsi des collectivités très denses.

Sous le joug de la même nécessité, en vertu de la même loi, ainsi en a-t-il été pour le commerce. Partout l'anéantissement de l'individu, son asservissement à la volonté, au caprice des directeurs — les exécutifs des Conseils d'administration.

Aujourd'hui, ce n'est plus que sociétés, que compagnies dont les capitaux sont livrés aux hasards de la Bourse des valeurs et de la Bourse du Commerce : Aciéries de France, Compagnie des Métaux, Société cotonnière, Moulins de Corbeil, Société générale de Laiterie, de Sels gemmes, de Camionnage, sans compter les Omnibus, les Tramways, Eaux, Canaux, Chemins de fer. La nomenclature exigerait des pages et des pages.

Les moyens de produire ont passé du mode

individuel au mode collectif mais au profit de deux ou trois cent mille individus vassalisés à une centaine, et au détriment de douze à quinze millions de producteurs et productrices.

. Encore une fois, tout le monde sait cela, tout le monde le constate, certains le déplorent; la plupart, classe moyenne et prolétariat, le subissent comme les adorateurs d'Allah avec la résignation du fatalisme.

Ce phénomène économique né de la fatalité des choses, provoqué par|les gens instruits, en haute position par des chefs d'administrations, par la presse sanctionné, par les sénateurs, députés, membres des académies et instituts, moyennant cachets de présence aux conseils, ce phénomène est objet d'admiration pour les économistes et les imbéciles. *Sa pénétration* dans nos mœurs se fait tout doucement, chaque jour, sans bruit, sans secousse, normalement — nul ne s'en émeut, victimes et bénéficiaires ! Oh ! mais du moment qu'on le voit prendre une direction inverse, c'est-à-dire démocra-

tique, à chacun, exploiteur et exploité trem-
blant sous l'obsession de la légende révolutionnaire, apparaît de profondes et violentes
secousses, un bouleversement de fond en
comble de ce qu'on appelle l'ordre social.
Bonnes gens, prématurées sont vos terreurs!

Cette socialisation épouvantable ne peut
s'accomplir, ne s'accomplira pas du jour au
lendemain. Tout porte à croire qu'elle sera
pénible, très lente à cause des résistances
bourgeoises, et plus encore, peut-être, à
cause de l'inexpérience et de la lâcheté des
plus intéressés.

Mais, comme dit Proudhon, *cela sera,
parce que cela est écrit.* Comment ? Nul ne
saurait répondre avec précision. En effet, des
conditions nouvelles non prévues et non pré-
visibles, des découvertes scientifiques ou
industrielles, des événements politiques peuvent déplacer l'ordre de nos déductions, et
modifier nos solutions.

Ce n'est pas une raison, bien au contraire,
de ne pas s'aider du passé, de négliger les
indications du présent. Car enfin, il faut tenir

compte du millier de sociétés de production et de consommation, d'un plus grand nombre de Chambres syndicales en voie de devenir des centres d'action toute puissante dans maintes grandes villes, grâce aux Bourses de travail.

Or, est-il absurde de prédire que ces sociétés iront en se multipliant, que, de leurs côté ces Chambres syndicales ne se borneront pas à la défense du salaire, à des relevés statistiques du mouvement de la Main-d'œuvre? Elles-mêmes disent de plus en plus catégoriquement travailler avec énergie à s'organiser; elles poussent les corporations à l'idée de prendre possession de l'outillage collectif, en un mot, à se mettre en lieu et place des compagnies capitalistes.

Différemment, leurs efforts auraient un objectif bien limité — celui des Trades-Unions et partant fort illusoire.

En tous cas, aujourd'hui, les cadres se constituent, bientôt seront les bataillons.

Comment se fera l'entrée en ligne? — Question de circonstances.

Et quand ?

Pendant la période révolutionnaire, le petit agriculteur, le petit bourgeois se sont emparés, celui-là de tel ou tel domaine, celui-ci de tel ou tel couvent, hôtel (*voir certains quartiers de Paris, de Lille, Lyon, Rouen*). Le déboisement a livré le sol à la charrue ; réfectoires, chapelles, vastes cuisines ont été transformés en ateliers et en manufactures. De même, sans doute, syndicats agricoles, industriels, accompliront l'œuvre de socialisation des moyens de produire. Ils prendront possession des usines, des mines, des immenses propriétés rurales. Les associations, les collectivités ouvrières, remplaceront la féodalité industrielle et terrienne.

Alors, seulement, le travailleur, devenu maître de l'outillage, attirant à lui, administrativement et techniquement, ingénieurs, et contremaîtres et comptables, à titre de collaborateurs et non de salariés, alors composant, selon le mode régional le mieux adapté, le mode fédéral le mieux harmonique, les *Assemblées du travail*, il pourra créer des rouages, instituer une Société en un mot, de laquelle auront disparu conséquemment toutes servitudes matérielles et morales.

Alors, seulement, étant à même d'acquérir les capacités, réservées auparavant à la bourgeoisie, le travailleur, sans distinction de manuel et de non manuel (nous ne saurions trop le répéter) *s'acheminera*, ô pénibles, pleines d'imprévus et de déceptions seront les étapes! s'acheminera vers une Société dans laquelle, chacun étant robuste, instruit, pénétré de l'Idée de justice et de solidarité, comprendra, sans qu'il lui en coûte, qu'il doit à cette Société *toutes ses forces* et, par là, recevoir *selon ses besoins*.

Pour marcher dans cette voie, il est nécessaire de maintenir par le fait historique de la distinction des classes un parti politique distinct en face des diverses nuances des partis politiques bourgeois.

Il faut voir les choses en face, dans l'implacabilité de leur logique. Or, pareille tâche exige de la classe qui l'entreprend, et qui est obligée de l'entreprendre, une discipline de plus en plus forte, une unité d'action de plus en plus rigoureuse, émanant de cette idée fondamentale, à savoir qu'il s'agit de conquérir le terrain *solidement* occupé par une classe distincte par le fait de l'opposition des intérêts, donc *absolument ennemie.*

Halte là ! répondent certains radicaux. D'accord avec vous sur tous les points de réformes sociales, nous ne saurious l'être sur celui de la distinction, partant de la lutte de classes. C'est aussi absurde que criminel. Les classes ont été abolies depuis 1789.

— Abolies les classes ! Oui, dans le texte de la Constitution !

Elles existent pour les gens sincères qui ont des yeux pour voir les iniquités, qui ont des oreilles pour entendre les plaintes et les malédictions.

La Société est divisée en deux classes dont les membres se mesurent du regard, en attendant le jour où elles se précipiteront dans l'arène.

En deux classes — l'une dont

> Le mal est d'être né d'une race maudite,
> D'avoir un père gueux, pauvre homme sans le sou,
> Qui va voler du bois pour chauffer sa marmite,
> Et n'a pas au soleil de quoi planter un chou.

Non ! mille fois non ! Le labeur *individuel* acharné du prolétaire père de famille, ne donne plus l'épargne, ne donne plus l'Argent !

Aujourd'hui, l'Argent, c'est celui de l'hérédité, il est trouvé tout entassé dans le coffre-fort paternel. C'est celui de l'agio, de la spéculation, du tripotage. C'est celui de la déprédation, de la corruption, de la concussion, c'est celui de l'accaparement *du travail d'autrui*.

Bref, bourgeoisie et plèbe — capitalistes et salariés.

Toute notre politique, notre économie politique, notre littérature, notre société, dit Proudhon, reposent sur cette distinction que l'aveuglement ou l'hypocrisie peuvent seuls nier.

Certains bourgeois déclarent — quand

ils sont candidats — que, prenant acte de 89, ils proposeront une succession de mesures dont l'établissement serait la disparition du Prolétariat.

Écoutons-les.

« Paiement du loyer, porté à compte sur
« la propriété, maison ou terre ; celles-ci, au
« terme d'une série de versements convenus
« deviennent la possession du locataire ;

« Enlèvement des impôts de dessus les
« épaules du prolétaire pour être placé sur
« celles du capitaliste ;

« Enseignement gratuit et intégral à tous
« les enfants ;

« Obligation à tous industriels et négo-
« ciants en sociétés collectives de faire par-
« ticiper employés et ouvriers à la gestion
« des affaires et aux bénéfices.

« Etc., etc... »

Autant essayer de faire passer un chameau par le trou d'une aiguille. La vérité la voici : ni l'une ni l'autre classe, n'étant disposée à céder, un conflit doit fatalement éclater. Les événements incessamment en témoignent et l'Histoire serait une fantasmagorie, un non-sens, si elle ne signifiait lutte de classes, si elle ne signifiait, peu importe le mot, *Évolution ou Révolution*.

CETTE ÉMANCIPATION NE PEUT RÉSULTER QUE DE L'ACTION RÉVOLUTIONNAIRE, QU'IL Y A LIEU DE POURSUIVRE COMME MOYENS DE PROPAGANDE LA CONQUÊTE DES POUVOIRS PUBLICS DANS LA COMMUNE, LE DÉPARTEMENT ET L'ÉTAT.

Tout mouvement économique ou politique, soit d'ensemble soit de détail, ayant pour but de transformer dans l'intérêt général l'état de la société, *constitue l'action révolutionnaire*.

En se reportant à ce qui a été dit précédemment, pour affranchir les travailleurs, il faut que, par la valeur pratique de leur programme, par la simultanéité de leurs efforts, la simplicité de leur tactique, les socialistes *s'imposent à l'opinion*, entraînent la masse naturellement, et à juste raison hésitante.

La Société subsiste par le travail, par la production.

L'échange des produits laisse un surplus ou bénéfice, ce bénéfice, incessamment augmenté, constitue la richesse générale.

Cette richesse générale est actuellement détenue par la féodalité capitaliste, au détriment des non-capitalistes ou prolétaires.

Mais, pour que par ceux-ci et pour ceux-ci s'opère la socialisation, la démocratisation, en un mot, des moyens de produire — *comment faire ?* **Voilà ce que demande la masse inquiète.**

***

En réponse à cette redoutable interrogation, nous hasardons quelques indications, bien loin donc de prétendre apporter d'un mont Sinaï les tables de la loi.

Agréger les salariés en syndicats, former des ateliers et des magasins de vente pour leurs produits; créer entre producteurs et vendeurs des sociétés d'échange, de crédit, ne prélevant le tantième que pour couvrir les frais généraux.

Les collectivités ouvrières— étendues, organisées, reliées entre elles, successivement ; — possédant une connaissance approfondie de leurs professions respectives, les capacités acquises dans la gestion de leurs intérêts — feront insensiblement *œuvre de substitution* qui est le but du socialisme.

Parallèlement à leur progression économique se manifesteront logiquement leur influence, puis leur prépondérance politique. Alors, les travailleurs seront en mesure d'imposer leurs mandataires dans les conseils municipaux, généraux, au parlement, et de conquérir ainsi les pouvoirs publics dans la Commune, le Département, l'État.

Dans ces assemblées, ils exposeront notre doctrine sur l'organisation politique et économique *dans l'avenir* — c'est-à-dire au lieu de la présente, basée sur la centralisation, et sur la représentation oligarchique, une organisation ayant pour principe — *l'autonomie*, pour lien — *la fédération* des groupements professionnels.

Dans ces assemblées, les travailleurs, en

poussant à l'application des programmes socialistes dans tel ou tel cas, à la modification
de tel ou tel rouage de la machine générale
ou locale — Commune ou État — démontreront comment, dans la Société future,
les assemblées délibérantes rationnellement
composées des délégations du travail (*bien
sûr, nous ne disons pas exclusivement manuel*), feront besogne prompte, utile à l'ensemble de la nation. Ils démontreront comment les droits de l'individu, étant garantis
par les droits des individus, la collectivité
ne pourrait devenir opprimante, et ne saurait exister ce qu'on appelle par mauvaise
foi ou par ignorance le Communisme auto-
ritaire.

Ils habitueront chacun à réfléchir combien
il est contradictoire et stupide : — d'un côté,
de peiner des muscles et du cerveau, en vue
de ses intérêts, et, d'un autre côté, de compro-
mettre ceux-ci chaque jour en les confiant
collectivement à un gouvernement d'aristo-
crates qui, n'ayant souci que de leurs querelles et de millions à conquérir, abandon-

nent la machine à des chefs de bureaux, pour la plupart corrompus et malfaisants.

Ils décideront chacun à distraire un peu de son temps chaque jour pour la gestion ou le contrôle des intérêts de sa profession, ou de sa municipalité.

Voilà comment se détruira ce monopole du gouvernement bourgeois, une *entreprise au petit bonheur*, qu'un monsieur, avec ou sans couronne, — aidé de comparses — prend à son compte, enfin ce qu'on appelle un minis tère — c'est-à-dire le népotisme, la corruption, le gâchis.

***

Nous le disons encore une fois : des événements économiques ou politiques peuvent survenir et modifier profondément nos prévisions, mais dans l'obscurité où nous sommes, dans l'incertitude dans laquelle nous nous trouvons, les Considérants paraissent éclairer l'avenir et tracer une ligne de conduite au Prolétariat.

CHAPITRE III

Origine et Progrès du Parti.

Devant nous borner à un historique des plus brefs, nous n'avons pas à faire le récit de la Commune.

Cependant, nous tenons à le signaler — et ceci ne fait aujourd'hui doute pour personne, réactionnaire ou révolutionnaire — la Commune fut d'abord patriote autant que socialiste.

Les abominations de Versailles, ses hypocrisies monstrueuses, sa haine de Paris, enfin les exécutions successives, faites de sang froid longtemps même après la *Semaine sanglante,* ont fourni plus d'adeptes à la Révolution que 93, qui fut grand; que 48, qui fut magnanime.

Aujourd'hui l'une et l'autre sont dans l'âme populaire très effacées devant la Commune de 1871.

Pourquoi? — Parce que la Commune est contemporaine? — Non! parce qu'elle fut la première et réelle Révolution du Prolétariat.

Au lendemain même « de l'écrasement des scélérats de l'émeute », le prolétariat militant rentre dans la carrière. Peu nombreux, comme on pense, il se borne prudemment à reconstituer les syndicats selon le mode mutuelliste et coopératif.

En 1873, le Conseil municipal avait envoyé à l'Exposition de Vienne des délégations ouvrières : celles-ci publièrent un Rapport d'ensemble concluant à l'organisation sérieuse des chambres ouvrières.

Cependant, en dehors du mouvement préconisé, existait, rue Mouffetard, un « Cercle d'études philosophiques et sociales ». Là des étudiants, en majorité, discutaient la théorie collectiviste. Jules Guesde, arrivé de Londres où il a vécu avec les proscrits et fréquenté Marx, se met en relations avec le Cercle,

fonde le journal « l'Égalité » en collabora-
tion avec les Internationaux belges, italiens,
anglais, allemands. Il recommande la lutte
de classes, décidée en 1872 à la Haye, les
candidatures aux assemblées délibérantes.
la conquête des pouvoirs publics.

A son instigation, un Congrès a lieu pour
la première fois à Paris, salle d'Arras, puis
en 1877, de concert avec Marx, Liebnecht,
de Paepe et d'autres, un Congrès international à Gand. Là sont renouées les tradi-
tions de la « célèbre Association ».

Cependant un certain nombre d'ouvriers,
voyant, non sans crainte, le mouvement
s'accentuer au profit d'individualités en
dehors du monde des travailleurs, firent
paraître à leurs frais « le Prolétaire » dont
le titre était l'indication très nette de leurs
tendances.

Néanmoins, les deux journaux guerroient
ardemment contre les coopérateurs. Ceux-ci,
gens timides et de vieille école, marchaient
derrière M. Barberet, que l'on disait payé par
le ministère pour diviser le parti socialiste et

l'entraver dans sa marche révolutionnaire.

Un Congrès régional (1878) est tenu faubourg du Temple, salle de l'Alhambra : les
discussions qui eurent surtout un caractère
corporatif ne manquèrent pas de retentisse-
ment. Un certain groupe de jeunes hommes
ardents fit décider un Congrès international
pour l'an prochain à Paris. Ils voulaient
mettre à profit l'occasion de l'Exposition
universelle de 1878 où viendraient, certes,
des délégués étrangers.

C'était aller hâtivement dans un pays
encore terrorisé par Dufaure. Aussi l'inter-
diction ne se fit pas attendre. Les promo-
teurs passèrent outre; ils furent arrêtés dans
une réunion privée, rue des Entrepreneurs,
et, sous l'inculpation d'Internationalisme,
traduits devant les tribunaux. Leur attitude
fut énergique, leur défense éloquente. Bien
entendu, les condamnations s'ensuivirent;
la presse en parla et la propagande gagna du
terrain.

Est-ce que la république bourgeoise pouvait laisser échapper une si belle occasion d'imiter l'empire bourgeois à l'égard de l'Association Internationale ?

En octobre 1879, un Congrès composé de sociétés ouvrières se tenait à Marseille.

Jamais assemblée prolétarienne n'avait eu pareil éclat.

Cent vingt six délégués étaient là en présence de six mille auditeurs. La question des Chambres syndicales fut posée crânement. « Elles seront révolutionnaires et fédérées, « alors ce sera le salut, où elles seront sous « la tutelle du gouvernement, alors elles « seront méprisables et méprisées. »

Le Congrès conclut :

1° A l'appropriation collective des instruments de travail et des forces de production par tous les moyens;

2° A l'organisation de la Fédération des travailleurs socialistes de la France divisée en six régions, savoir :

Nord, Est, Centre, Ouest, Midi, Algérie.

Le Parti Ouvrier était fondé !

*
* *

La région du Centre, composée des vainqueurs de Marseille, trop absorbée et trop sectaire, ne sut pas fonder ou maintenir les autres. Il n'y eut pas faisceau.

Pourtant les collectivistes voulurent brûler les étapes et présenter, avec un programme minimum, des candidats aux élections législatives de 1881. Partout à peu près, ceux-ci obtinrent des suffrages peu considérables. Le corps électoral se souvenait encore avec terreur de 1871, et les ouvriers et les petits fabricants n'étaient pas aussi cruellement frappés qu'aujourd'hui par la division du travail et le capitalisme; enfin les candidats pour la plupart étaient inconnus.

Les partisans des syndicats, battus à Marseille, espéraient une revanche au Congrès du Havre. Les Guesdistes, après avoir essayé de majorer l'assemblée, qui dégénéra en bataille, firent un Congrès à côté, dans la salle l'*Union lyrique*. Cela va sans dire, leur programme dit *minimum* fut adopté.

Aux élections municipales, les collectivistes posèrent des candidatures dans tout Paris : elles eurent des résultats remarquables dans le XI° et le XVIII° arrondissement.

Les hommes revenus d'exil et de la Calédonie avaient, pour la plupart, repris rang dans l'armée révolutionnaire. Les sympathies les plus vives s'étaient manifestées en leur faveur. Par certains, ils furent un peu regardés comme des gêneurs. Il fallait donc s'attendre à des questions de personnes, à des rivalités — l'éternelle plaie humaine. Elles se manifestèrent au Congrès de Reims (1881) où se rendirent un petit nombre de délégués : les querelles du Havre avaient aussi déterminé bien des désertions.

Plus âpre et décisive la bataille livrée au Congrès suivant tenu à Saint-Étienne en 1882. Elle était perdue d'avance par Guesde. En effet, la fraction, appelée plus tard, Broussiste avait obtenu :

1° La constitution d'un Comité national

pour servir de lien entre les régions fédérales ; et organiser une propagande permanente.

2° L'étude d'un programme général du Parti et de programmes locaux ;

3° Le rejet du programme *minimum*.

4° La tenue des assises à Saint-Étienne ;

5° La reconnaissance du journal « le Prolétaire » comme seul organe officiel.

Dans le courant de l'année « l'Égalité » s'était livré à une pénible polémique ; ses rédacteurs les plus influents avaient démissionné du Comité national et créé une Union fédérale à côté de la régulière.

Sans s'être heureusement défendus contre les accusations, les Guesdistes allèrent au nombre de vingt-quatre parloter à Roanne.

Dorénavant, le Parti Ouvrier marche sous la direction de Brousse. Il gagne de plus en plus du terrain.

Le Congrès de Paris (1883) sanctionne les actes de celui de Saint-Étienne, complète l'organisation du Parti, *annule l'article* 21 ainsi conçu : « *Ne pourront être du Comité national les députés et les conseillers munici-paux* . » Cette annulation révélait le ferme espoir pour certains de victoires à courte échéance et le dessein de gouverner le Parti.

Nous signalons le Congrès de Rennes à cause des débats sérieux sur le rôle à donner aux conseillers prud'hommes. Il est décidé que les membres du Parti voteront seulement en faveur des candidats adhérents à notre programme et qu'un Comité de vigilence surveillera leur conduite. Décidé également que le Parti s'entendra avec les Partis Ouvriers d'Europe et d'Amérique en vue d'un Congrès international au moins tous les trois ans.

Le Gouvernement croit devoir tenter un effort pour faire accepter solennellement par les Chambres syndicales la « *loi Waldeck-Rousseau* » et Lyon lui paraît un terrain bien choisi: la victoire est certaine, car les Lyonnais sont favorables à la loi et leurs délégués seront les plus nombreux. De plus, sur 160, à peine 20 sont envoyés de Paris.

Néanmoins, ce Congrès national des *Syndicats ouvriers* fut une piteuse défaite (Octobre 1886).

La loi Waldeck-Rousseau est repoussée, un projet d'organisation de Fédération nationale des syndicats est voté à une immense majorité.

Le Parti Ouvrier devenait la tête du mouvement.

Le Congrès de Charleville (1887) de Paris (1889), traitent de certains points relatifs à l'organisation intérieure, tout en ouvrant des discussions économiques sur les principaux articles du programme. On y cherche surtout, et avec raison, à donner une forte impulsion à l'œuvre de groupements dans les diverses régions. Le monde ouvrier des Ardennes est contitué en une fédération toute puissante.

Des groupements corporatifs, plusieurs très considérables, l'Union des Mécaniciens, la Typographie, le Bronze, la Fonderie de

fer et du cuivre, viennent renforcer la région
du Centre et les Groupes d'Études se multi-
plient. L'année 1887 avait aussi marqué,
entre toutes, par l'envoi à l'Hôtel de Ville de
neuf membres du Parti : du rôle de ces derniers au Conseil municipal nous parlerons
tout à l'heure.

Mais après quelques années, certains élus
estiment avantageux d'entrer en accommode-
ments avec des fractions bourgeoises et sous
prétexte de péril boulangiste. Cependant
cette alliance ou compromission, *dite de la
rue Cadet*, leur enlève l'affection et la con-
fiance d'un grand nombre de groupes.
D'autre part, ils n'entendent pas les récrimi-
nations de plus en plus vives de citoyens qui
leur voudraient moins de désir d'acquérir
une prépondérance personnelle et intéressée
dans la Maison Commune et plus de souci
d'y apporter carrément les revendications
prolétariennes.

En outre, grâce à l'annulation de l'article
21 décidée à Saint-Étienne, les personnalités
les plus influentes composent la majorité du

Comité national qu'ils dirigent ainsi à leur gré et selon leurs desseins. Enfin, aux explications demandées ils ne font aucune réponse catégorique.

Un conflit grave est imminent.

Selon le règlement, le Comité devait convoquer à un Congrès national et, au préalable, à un régional, lequel étudierait l'ordre du jour. Huit jours d'avance, au lieu d'un mois, il annonce que les assises nationales se tiendront à Châtellerault en octobre 1890, et prépare habilement une réunion plénière. salle du Commerce, faubourg du Temple, où il compte emporter la sanction de sa conduite, décider le maintien de l'article 9 soumettant les élus à leur comité respectif et au corps électoral ; enfin, il a soin de composer le bureau de ses fidèles. Mais la discussion prend si mauvaise tournure que ledit bureau quitte la salle. Un autre, d'un esprit tout opposé, est immédiatement nommé et reprend la suite des débats. Bref, l'assemblée arrête qu'un Congrès régional aura lieu, quelques jours après, dans la même salle. Ce Congrès réunit environ deux cent cinquante délégués, lequel substitue à l'article 9 celui-ci : « *Le droit de révoquer les élus est confié à l'Union fédérative.* »

Quant au Congrès de Châtellerault, il ne pouvait être et ne fut qu'une comédie.

La scission était accomplie.

Les Broussistes gardèrent le titre de Fédération des Travailleurs de France. Leurs adversaires prirent celui de Parti Ouvrier socialiste révolutionnaire, et, le 12 mars 1891, ils tenaient un Congrès régional complémentaire de celui d'octobre 1890. Quatre-vingt-dix-neuf Chambres syndicales et groupes y avaient envoyé deux-cents soixante huit délégués.

La Commission d'organisation ouvrit le Congrès en ces termes :

« Nous saluons ici les représentants de la
« classe ouvrière décidée à provoquer le ré-
« veil de l'énergie prolétarienne, la marche
« en avant d'un peuple conscient de ses de-
« voirs mais fermement résolu à revendiquer
« ses droits. »

De très intéressants débats eurent lieu sur les trois questions suivantes :

Réglementation du travail ;

Services publics ;

Tactique pour faire aboutir les revendications ouvrières.

Des groupes eurent des rapporteurs remarquables, notamment sur les Services publics, Enseignement et Assistance, et sur la tactique et la propagande.

En somme, le Congrès, en même temps qu'il confirmait et développait les résolutions de ses prédécesseurs, précisait nettement le caractère du mouvement économique actuel.

Il fut, au reste, favorablement accueilli et détermina le retour ou l'adhésion de plusieurs corporations importantes : Syndicat des chemins de fer, tout récemment fondé, Bourses du Travail de Paris, de Saint-Étienne, de Cognac. Enfin, tout le monde lui sut gré de sa réserve à l'égard des fauteurs de Châtellerault.

* *
*

Le Secrétariat Général du Parti Ouvrier socialiste révolutionnaire (*rouage substitué au Comité national*) arrêta, dès son élection, que les assises du travail se tiendraient en ocbre 1892, à Saint-Quentin, dans une région alors acquise aux Guesdistes d'ailleurs fortement cantonnés dans le Nord naturellement accessible aux théories collectivistes, à cause des énormes agglomérations minières et usinières. A ce onzième Congrès national, centsoixante deux fédérations, Chambres et Groupes de vingt-deux départements envoyèrent soixante délégués seulement : Épuisés par les sacrifices en faveur des grèves — en ce moment nombreuses — les unes et les autres avaient dû confier plusieurs pouvoirs à un même mandataire.

L'ordre du jour eut trait surtout à la Fédération nationale et internationale de métiers, à la création de Bourses de travail dans les départements et de *Syndicats agricoles*. Le rapporteur sur cette dernière question dé-

montra comment la centralisation agricole
prenait des proportions menaçantes.

« A cent quarante-deux mille propriétaires
« appartient la moitié du territoire, — soit
« 22 millions d'hectares ; et, chaque jour, les
« petits cultivateurs, saignés par l'usure et
« l'impôt, sans épargne pour subsister dans
« les années mauvaises, viennent grossir les
« rangs des miséreux et constituer le *prolé-*
« *tariat rural.* Il faut, dit-il, faire la propa-
« gande dans les campagnes, y former des
« groupes d'études, puis des syndicats. A
« l'antagonisme funeste et absurde des tra-
« vailleurs des champs et des villes, doit,
« pour le salut général, succéder l'entente
« et la solidarité. »

Cependant les Bourses du Travail, nous
l'avons signalé, s'étaient multipliées. Que
sont-elles, disaient les délégués de Saint-
Quentin ? « L'organisme et le complément
« indispensables de l'organisation syndicale;
« elles doivent apporter dans la formation

« des groupements une méthode unique,
« ayant pour but la Fédération complète des
« forces ouvrières. »

Elles répondaient si bien aux besoins, des
grands centres surtout, que les corporations
envoyaient à Paris des lettres pressantes
pour que vinssent des délégués les aider à
constituer le faisceau syndical, à établir des
relations avec la Bourse centrale pour conseils et renseignements.

Nous regrettons que le cadre de ce travail
ne nous permette pas d'entrer à ce sujet,
d'une importance si capitale, dans quelque
développement. Bref, en six années, les
ouvriers des grandes villes, stimulés par les
propagandistes parisiens, avaient obtenu ou
arraché locaux et crédits pour fonder des
Bourses. Citons : Bordeaux, Lyon, Toulouse,
Cognac, Saint-Étienne, Marseille, Boulogne,
Saint-Nazaire.

Le mouvement y revêtit fatalement un caractère agressif contre le Capital, surtout
quand il s'agissait de grèves.

La Bourse de Paris, fondée en 1887, recevait 44 syndicats et, en 1892, elle en comptait 205 avec environ trois cent mille adhérents. Avant l'année précitée, le gouvernement avait songé aux moyens d'enrayer le mouvement. Mais il fallait un prétexte. Les troubles du *premier mai*, fomentés avec soin, fournirent ce prétexte. En plein jour, le 7 *juillet* 1893, malgré des assurances pacifiques, la Bourse centrale était prise d'*assaut* par l'armée et par la police.

Le gouvernement s'était flatté par ce coup de force de désorganiser le prolétariat. Les élections municipales, puis les législatives, en envoyant à l'Hôtel de Ville et à la Chambre dix-huit représentants du Parti, lui ont démontré d'une manière éclatante la vanité de ses espérances.

Du reste, profonde fut la stupéfaction. On eut le rouge au front d'une telle dégradation du suffrage universel. *Coutant, Chauvin, Fabérot* dans l'empyrée parlementaire! côte à côte avec sa *Haute puissance Schneider, Son Eminence d'Hulst, Monseigneur le prince de Léon!*

Des individus n'ayant peut-être pas même
fréquenté l'école primaire... cela des législateurs !

Les prolétaires avaient envoyé ces beso-
gneux, ces illettrés, ces obscurs au Palais
Bourbon afin que leur présence y fût une
protestation contre cette vénalité parlementaire dont l'audace augmente avec l'impu-
nité.

*Il y a quinze ans, une petite affiche rouge,
apposée dans le quartier Sainte-Marguerite,
portait:* PARTI OUVRIER, Émile Chausse,
ébéniste.

Presque personne n'y fit attention.

Ce premier candidat obtenait 391 voix.

Classe dirigeante, réfléchissez !

CHAPITRE IV

Les Élus du Parti Ouvrier à l'Hôtel de Ville.

C'est à la Maison Commune que le Parti a pensé jusqu'ici plus avantageux à la Cause d'apporter ses revendications.

En effet, si Paris attire à lui, concentre en lui les *Idées*, l'Hôtel-de-Ville les reçoit comme dans un creuset, et coulées dans son moule prodigieux, elles en sortent empreintes de son cachet rayonnant, ayant conquis désormais le droit de s'imposer à l'univers. Aux nations, la presse envoie les débats de l'Hôtel de Ville en même temps que ceux du Parlement. Pourquoi ? Parce que c'est de sa tribune que retentissent les coups de clairon de la Révolution.

Pour arriver à s'asseoir sur les bancs de cette assemblée, les socialistes ont eu très dure besogne, il y a bientôt dix ans.

N'étaient-ils pas l'apparition sinistre de la Commune? Les théories développées par eux dans les réunions publiques et dans les congrès avaient été exagérées, dénaturées par la presse, les brochures, les livres. Ils étaient à la fois un objet d'épouvante et un objet de mépris, certainement de haine. Aussi, dès l'abord, par nombre de leurs collègues furent-ils reçus, selon l'expression vulgaire, comme des chiens dans un jeu de quilles.

Fort pénible surtout fut la tâche des trois premiers élus.

A leur exemple, les six nommés en 1887 s'attachèrent à démontrer que, tout en se préoccupant d'affirmer la doctrine, ils avaient surtout à signaler leur esprit pratique en réclamant l'amélioration des quartiers laborieux par eux représentés et jusque là toujours dédaignés. Et ils en fournirent d'éclatants témoignages.

Les affaires petites ou grandes de voirie,
d'hygiène, d'éclairage etc., ont été menées à
bien et avec une promptitude inconnue
avant eux, et malgré les entraves de l'Administration.

De là, sans doute, leur réélection chaque
fois plus triomphante.

Cela dit, nous allons, avec brièveté du
reste, passer en revue ce qui a été accompli
par les membres du Parti, jusqu'aux dernières élections en ce qui concerne les questions du programme.

ENSEIGNEMENT

Dans les commissions scolaires, dans les
délégations cantonales, dans les écoles pro-
fessionnelles, les élus ont fait entrer les
ouvriers ; ceux ci ont formulé les vœux de
leur classe, apporté des réformes technolo-
giques et administratives, dans ces milieux
exclusivement composés de bourgeois for-
malistes.

Les cantines scolaires ont été améliorées, les enfants du pauvre conviés en plus grand nombre possible, les vêtures largement dispensées.

Le budget des colonies scolaires s'est trouvé fortement augmenté au profit du reconfort physique des enfants. *Les classes de garde* créées afin d'empêcher le vagabondage, cette plaie terrible des faubourgs d'où la population ouvrière émigre jusqu'à huit heures du soir pour travailler dans les ateliers du centre.

Les solennités scolaires ont été pour les élus des occasions, toujours saisies, pour exposer les idées socialistes sur la question si importante de l'Enseignement.

L'Internat primaire, rendu gratuit autant que possible, a été développé en vue d'un acheminement à la réalisation du programme « *l'instruction, la nourriture et l'entretien des enfants du peuple à la charge de la Commune* ».

L'Orphelinat Prévost a été sans cesse agrandi afin de poursuivre mieux encore

la démonstration de l'*Enseignement intégral*
Une école départementale laïque et gratuite
vient d'être édifié à Asnières pour donner
aux sourds-muets et aux sourdes-muettes une
place dans la Société, et dans des conditions
dignes du socialisme, à ces infortunés jusqu'ici dédaignés et voués à la misère.

Dans un avenir prochain, une Maison ma-
ternelle de refuge recevra les petits enfants
des familles en chômage, tant que le chômage sévit sur les parents. Cette institution
municipale leur évitera la cruelle extrémité
de l'abandon à l'Assistance publique.

TRAVAIL

Le citoyen Mesureur est considéré comme
le créateur de la Bourse du Travail. Nous
sommes loin de méconnaître sa participation
à cette œuvre sociale, mais les débats à la tribune du Conseil sont là pour dire la part
active et décisive des socialistes. Elle est, en
tout cas, certainement, leur œuvre en ce qui

concerne son organisation et son fonctionne-
ment.

Nous avons signalé, plus haut, que sous
leur impulsion énergique et tenace, les ouvriers des grands centres ont arraché aux
municipalités la création des Bourses locales,
rayonnement de celle de la capitale, où
d'ailleurs elles ont demandé des plans d'organisation et la ligne de conduite économique.

Dans les revendications corporatives, dans
les questions de salaire, de secours aux
grèves, les élus n'ont jamais marchandé
leurs efforts, presque toujours victorieux.

Les petits employés, les ouvriers de la
Ville de Paris, ont vu le taux de leur salaire
augmenté, et les jours de repos accordés.

La Prud'hommie a reçu une allocation
convenable, le caractère de ses fonctions a
été mis dans son relief légitime, et, nous
l'avons dit, sa conduite mise sous le contrôle
du Parti.

N'oublions pas que les Expositions ouvrières ont obtenu des subventions relative-

ment considérables, permettant, d'expérimenter leurs aptitudes administratives et en même temps de manifester aux travailleurs leur valeur personnelle dans tous les genres d'industrie.

ASSISTANCE

Grâce aux efforts des élus, les dispensaires ont été créés, multipliés dans les arrondissements pauvres, et l'on sait quels services ils ont rendus !

La laïcisation a été presque universalisée dans les maisons de secours et dans les hospices et hôpitaux.

Bicêtre, Ivry, la Salpêtrière, Brévannes, agrandis, ont ouvert leurs portes à des milliers de vaincus du travail, vieillards et infirmes.

Le régime alimentaire, élément considérable de la longévité de la vieillesse, a été notablement amélioré. De plus, les élus ont obtenu, pour les hospitalisés, un peu moins d'indifférence de la part des directeurs et plus d'indépendance, en ce qui concerne les sorties, ce qui leur permet de retrouver fréquemment la vie de famille. Les conditions matérielles et morales des malheureux échoués à Nanterre et à Villers-Cotterets ont été heureusement modifiés : ces victimes de la misère seront prochainement assimilées aux pensionnaires des hospices.

Toujours et partout, les représentants du Parti ont prouvé leur légitime sympathie à l'égard des vieux prolétaires.

MONOPOLES

Sur cette question des monopoles, éternel scandale économique, les socialistes ont développé avec une compétence remarquable la doctrine du Parti.

En dépit des manœuvres hypocrites des Compagnies du Gaz, des Eaux, des Omnibus, des Chemins de fer, et de l'appui plus ou moins déguisé de l'État, celles-ci n'ont pu arriver à leurs fins.

Dans les mémorables discussions sur la municipalisation des branches principales de l'alimentation, boulangerie, boucherie, et aussi des pharmaciens et des lavoirs, afin que le public paie moins cher, et en toute garantie, qui pourrait nier l'éloquente intervention des membres du Parti ? Qui pourrait également nier l'impression produite en leur faveur dans l'opinion publique ou naguère leurs théories étaient traitées de chimériques et de stérilement violentes ?

En somme, telle est l'œuvre accomplie en quelques années par cette vaillante minorité quasi perdue au milieu d'une assemblée composée d'ingénieurs éminents, d'avocats et de jurisconsultes remarquables, d'hommes d'affaires expérimentés, de chefs d'administration rompus aux discussions techniques.

Le dévouement et l'activité des élus socialistes ont été puisés dans la conviction profonde que leurs principes sont l'expression vraie, scientifique des besoins d'une société moderne basée, comme disait l'Internationale, sur la *Vérité et la Justice ?*

CONCLUSION

Après avoir montré la bourgeoisie s'éloignant de plus en plus de l'Idéal de 89, et, par la concentration des forces capitalistes, déterminant la division de la Société en deux classes, nous avons signalé les étapes si rapidement parcourues par le Parti Ouvrier.

Faut-il seulement attribuer cette marche victorieuse à l'insuffisance politique et morale de la classe dirigeante, à des circonstances favorables, à la valeur de certaines personnalités?

Selon nous, c'est erreur.

Il faut l'attribuer :

A *la doctrine*, en accord si parfait avec la situation économique et politique du dix-neuvième siècle que depuis 1864, date où elle fut propagée, plus de quarante congrès nationaux et internationaux n'ont apporté que de légères modifications à son ensemble.

A *l'organisation* établie selon une sériation naturelle et rigoureuse partant du groupe pour aboutir aux fédérations locales, régionales, générales reliées par un Comité général, leur émanation ; une organisation dans laquelle les mandataires politiques, députés et conseillers, ne paraissent aux assemblées du Pa.ti que pour y expliquer leur conduite et recevoir des ordres.

A *la propagande* incessante dans les Chambres ouvrières, dans les Congrès, dans les luttes électorales. Enfin à l'agitation des grèves, ces protestations désespérées de la misère des travailleurs.

Mais, il est une auxiliaire plus puissante que les dévouements, plus active que la propagande, plus convaincante que la doctrine; elle a pour nom formidable et mystérieux, *la Force des choses.* Que les bourgeois soient habiles ou intraitables, *par elle* ils seront vaincus; *par elle,* qu'ils soient rétifs ou conscients, les prolétaires seront vainqueurs. Pourquoi? — O politiciens, parce que le veut ainsi la *Révolution.*

IMP. NOIZETTE, 8, RUE CAMPAGNE-PREMIÈRE, PARIS